CONTENTS

		page
1	CHRISTMAS Rejoice and be glad all ye nations *(Frohlokket, ihr Völker auf Erden)*	4
2	NEW YEAR Lord God, thou art our salvation *(Herr, Gott, du bist unsre Zuflucht)*	11
3	ASCENSIONTIDE Thou standest, O Lord, high above all praise *(Erhaben, o Herr, über alles Lob)*	18
4	PASSIONTIDE Lord, remember not our transgressions *(Herr, gedenke nicht unsrer Übelthaten)* ...	26
5	ADVENT Let us sing with gladness *(Lasset uns frohlokken)*	31
6	GOOD FRIDAY Redeeming our transgressions *(Um unsrer Sünden willen)*	40

T0057010

1 CHRISTMAS

(Weihnachten)

Composed 1845

© The Royal School of Church Music 1984 transferred 1994 to Oxford University Press

5
The Sa - viour hath ap - pear - ed, hath ap - pear - ed whom the
Der Hei - land ist er - schie - nen, ist er - schie - nen, den der
Sa - viour hath ap - pear - ed, the Sa - viour hath ap - pear - ed whom the
Hei - land ist er - schie - nen, der Hei - land ist er - schie - nen, den der
hath ap - pear - - ed, the Sa - viour hath ap - pear - ed whom the
ist er - schie - - nen, der Hei - land ist er - schie - nen, den der
hath ap - pear - - ed, the Sa - viour hath ap - pear - ed whom the
ist er - schie - - nen, der Hei - land ist er - schie - nen, den der
- joice and be glad all ye na - tions. The Sa - viour hath ap - pear - ed whom the
- lok - ket, ihr Völ - ker auf Er - den! Der Hei - land ist er - schie - nen, den der
- joice and be glad all ye na - tions. The Sa - viour hath ap - pear - ed whom the
- lok - ket, ihr Völ - ker auf Er - den! Der Hei - land ist er - schie - nen, den der
- joice and be glad all ye na - tions. The Sa - viour hath ap - pear - ed whom the
- lok - ket, ihr Völ - ker auf Er - den! Der Hei - land ist er - schie - nen, den der
- joice and be glad all ye na - tions. The Sa - viour hath ap - pear - ed whom the
- lok - ket, ihr Völ - ker auf Er - den! Der Hei - land ist er - schie - nen, den der
5

10
f
Lord hath pro - mised. Now his right - eous-ness un - to all the world is re -
Herr ver - heis - sen. Er hat sei - ne Ge - rech - tig - keit der Welt of - fen -
Lord hath pro - mised. Now his right - eous-ness un - to all the world is re -
Herr ver - heis - sen. Er hat sei - ne Ge - rech - tig - keit der Welt of - fen -
Lord hath pro - mised. Now his right - eous-ness un - to all the world is re -
Herr ver - heis - sen Er hat sei - ne Ge - rech - tig - keit der Welt of - fen -
Lord hath pro - mised. Now his right - eous-ness un - to all the world is re -
Herr ver - heis - sen. Er hat sei - ne Ge - rech - tig - keit der Welt of - fen -
Lord hath pro - mised. Now his right - eous-ness un - to all the world is re -
Herr ver - heis - sen. Er hat sei - ne Ge - rech - tig - keit der Welt of - fen -
Lord hath pro - mised. Now his right - eous-ness un - to all the world is re -
Herr ver - heis - sen. Er hat sei - ne Ge - rech - tig - keit der Welt of - fen -
Lord hath pro - mised. Now his right - eous-ness un - to all the world is re -
Herr ver - heis - sen. Er hat sei - ne Ge - rech - tig - keit der Welt of - fen -
Lord hath pro - mised. Now his right - eous-ness un - to all the world is re -
Herr ver - heis - sen. Er hat sei - ne Ge - rech - tig - keit der Welt of - fen -
10

15
- veal - ed. Al - le - lu - ia, Al - le - lu - ia.
- ba - ret. Hal - le - lu - ja, Hal - le - lu - ja!
- veal - ed. Al - le - lu - ia,
- ba - ret. Hal - le - lu - ja!
- veal - ed. Al - le - lu - ia, Al - le - lu - ia.
- ba - ret. Hal - le - lu - ja, Hal - le - lu - ja!
- veal - ed. Al - le - lu - - ia.
- ba - ret. Hal - le - lu - - ja!
- veal - ed. Al - le - lu - ia, Al - le - lu - ia.
- ba - ret. Hal - le - lu - ja, Hal - le - lu - ja!
- veal - ed. Al - le - lu - ia, Al - le - lu - ia.
- ba - ret. Hal - le - lu - ja, Hal - le - lu - ja!
- veal - ed. Al - le - lu - ia, Al - le - lu - ia.
- ba - ret. Hal - le - lu - ja, Hal - le - lu - ja!
- veal - ed. Al - le - lu - - ia, Al - le - lu - ia.
- ba - ret. Hal - le - lu - - ja, Hal - le - lu - ja!
- veal - ed. Al - le - lu - ia.
- ba - ret. Hal - le - lu - ja!
15

20
f
Now his right - eous - ness un - to all the world is re - veal - ed. Al - le - lu -
Er hat sei - ne Ge - rech - tig - keit der Welt of - fen - ba - ret. Hal - le - lu -
Now his right - eous - ness un - to all the world is re - veal - ed.
Er hat sei - ne Ge - rech - tig - keit der Welt of - fen - ba - ret.
Now his right - eous - ness un - to all the world is re - veal - ed. Al - le - lu -
Er hat sei - ne Ge - rech - tig - keit der Welt of - fen - ba - ret. Hal - le - lu -
Now his right - eous - ness un - to all the world is re - veal - ed. Al - le -
Er hat sei - ne Ge - rech - tig - keit der Welt of - fen - ba - ret. Hal - le -
Now his right - eous - ness un - to all the world is re - veal - ed. Al - le - lu -
Er hat sei - ne Ge - rech - tig - keit der Welt of - fen - ba - ret. Hal - le - lu -
Now his right - eous - ness un - to all the world is re - veal - ed.
Er hat sei - ne Ge - rech - tig - keit der Welt of - fen - ba - ret.
Now his right - eous - ness un - to all the world is re - veal - ed. Al - le - lu -
Er hat sei - ne Ge - rech - tig - keit der Welt of - fen - ba - ret. Hal - le - lu -
Now his right - eous - ness un - to all the world is re - veal - ed.
Er hat sei - ne Ge - rech - tig - keit der Welt of - fen - ba - ret.
20

25
- ia, Al - le - lu - ia, Al - le - lu - ia, Al - le - lu - ia, Al - le -
- ja, Hal - le - lu - ja, Hal - le - lu - ja, Hal - le - lu - ja, Hal - le -
Al - le - lu - ia, Al - le - lu - ia, Al - le -
Hal - le - lu - ia, Hal - le - lu - ia, Hal - le -
- ia, Al - le - lu - - ia, Al - le - lu - ia, Al - le -
- ja, Hal - le - lu - - ja, Hal - le - lu - ja, Hal - le -
- lu - ia, Al - le - lu - - ia, Al - - le -
- lu - ja, Hal - le - lu - - ja, Hal - - le -
- ia, Al - le - lu - - ia, Al - le - lu - ia, Al - le -
- ja, Hal - le - lu - - ja, Hal - le - lu - ja, Hal - le -
Al - le - lu - ia, Al - le - lu - - ia, Al - le - lu - ia, Al - le -
Hal - le - lu - ja, Hal - le - lu - - ja, Hal - le - lu - ja, Hal - le -
- ia, Al - le - lu - ia, Al - le - lu - ia, Al - le -
- ja, Hal - le - lu - ja, Hal - le - lu - ia, Hal - le -
Al - le - lu - - ia, Al - le - lu - - ia, Al - le -
Hal - le - lu - - ja, Hal - le - lu - - ja, Hal - le -
25

30
f
- lu - ia. Re - joice and be glad all ye na - tions. Al - le - lu - ia.
- lu - ja! Froh - lok - ket, ihr Völ - ker auf Er - den. Hal - le - lu - ja!
- lu - ia. Re - joice and be glad all ye na - tions. Al - le - lu - ia.
- lu - ja! Froh - lok - ket, ihr Völ - ker auf Er - den. Hal - le - lu - ja!
- lu - ia. Re - joice and be glad all ye na - tions. Al - le - lu - ia.
- lu - ia! Froh - lok - ket, ihr Völ - ker auf Er - den. Hal - le - lu - ja!
- lu - ia. Re - joice and be glad all ye na - tions. Al - le - lu - - ia.
- lu - ja! Froh - lok - ket, ihr Völ - ker auf Er - den. Hal - le - lu - - ja!
- lu - ia. Al - le - lu - - ia.
- lu - ja! Hal - le - lu - - ja!
- lu - ia. Al - le - lu - - ia.
- lu - ja! Hal - le - lu - - ja!
- lu - - - - ia, Al - le - lu - - ia.
- lu - - - - ja, Hal - le - lu - - ja!
- lu - - ia, Al - le - lu - - ia.
- lu - - ja. Hal - le - lu - - ja!
30

2 NEW YEAR

(Am Neujahrstage)

Composed 25 December 1843

© The Royal School of Church Music 1984 transferred 1994 to Oxford University Press

10
p
cresc.
E'en be - fore the moun - tains
E - he denn die Ber - ge
E'en be - fore the moun - tains
E - he denn die Ber - ge
E'en be - fore the moun - tains
E - he denn die Ber - ge
E'en be - fore the moun - tains
E - he denn die Ber - ge
E'en be - fore the moun - tains form - ed, e'en be - fore the
E - he denn die Ber - ge wor - den, e - he denn die
moun - tains form - ed, form - - ed, e'en be - fore the
Ber - ge wor - den, e - - he, e - he denn die
E'en be - fore the moun - tains form - - ed, e'en be - fore the
E - he denn die Ber - ge wor - - den, e - he denn die
E'en be - fore the moun - tains, e'en be - fore the
E - he denn die Ber - ge, e - he denn die
10

15
f
form-ed, and the earth and all the world were first cre - a - -
wor-den, und die Er - de und die Welt er - schaf - fen wor - -
form-ed, and the earth and all the world were first cre - a - -
wor-den, und die Er - de und die Welt er - schaf - fen wor - -
form-ed, and the earth and all the world were first cre - a - -
wor-den, und die Er - de und die Welt er - schaf - fen wor - -
form-ed, and the earth and all the world were first cre - a - -
wor-den, und die Er - de und die Welt er - schaf - fen wor - -
moun - tains form-ed, and the earth and all the world were first cre - a -
Ber - ge wor-den, und die Er - de und die Welt er - schaf - fen wor -
moun - tains form-ed, and the earth and all the world were first cre - a -
Ber - ge wor-den, und die Er - de und die Welt er - schaf - fen wor -
moun - tains form-ed, and the earth and all the world were first cre - a -
Ber - ge wor-den, und die Er - de und die Welt er - schaf - fen wor -
moun - tains form-ed, and the earth and all the world were first cre - a -
Ber - ge wor-den, und die Er - de und die Welt er - schaf - fen wor -
15

20
pp
- ted, thou art God for e - ver - more, world with - out
- den, bist du Gott von E - wig - keit zu E - wig -
- ted, thou art God for e - ver - more, world with - out
- den, bist du Gott von E - wig - keit zu E - wig -
- ted, thou art God for e - ver - more, world with - out
- den, bist du Gott von E - wig - keit zu E - wig -
- ted, thou art God for e - ver - more, world with - out
- den, bist du Gott von E - wig - keit zu E - wig -
- ted, thou art God for e - ver - more.
- den, bist du Gott von E - wig - keit.
- ted, thou art God for e - ver - more, world with - out
- den, bist du Gott von E - wig - keit zu E - wig -
- ted, thou art God for e - ver - more, world with - out
- den, bist du Gott von E - wig - keit zu E - wig -
- ted, thou art God for e - ver - more, world with - out
- den, bist du Gott von E - wig - keit zu E - wig -
20

25
cresc.
f
end. E'en be - fore the world, the world was first cre -
- keit. E - he denn die Welt, die Welt er - schaf - fen
cresc.
f
end. E'en be - fore the world, the world was first cre -
- keit. E - he denn die Welt, die Welt er - schaf - fen
cresc.
f
end. E'en be - fore the world, the world was first cre -
- keit. E - he denn die Welt, die Welt er - schaf - fen
cresc.
f
end. E'en be - fore the world, the world was first cre -
- keit. E - he denn die Welt, die Welt er - schaf - fen
p
cresc.
f
E'en be - fore the moun - tains form - ed, and the world, the world was first cre -
E - he denn die Ber - ge wor - den, und die Welt, die Welt er - schaf - fen
p
cresc.
f
end. E'en be - fore the moun - tains, e'en be - fore the world was first cre -
- keit. E - he denn die Ber - ge, e - he denn die Welt er - schaf - fen
p
cresc.
f
end. E'en be - fore the moun - tains, e'en be - fore the world was first cre -
- keit. E - he denn die Ber - ge, e - he denn die Welt er - schaf - fen
p
cresc.
f
end. E'en be - fore the moun - tains, e'en be - fore the world was first cre -
- keit. E - he denn die Ber - ge, e - he denn die Welt er - schaf - fen
25

30
pp
- a - ted, thou art God for e - ver - more, world
wor - den, bist du Gott von E - wig - keit zu
- a - ted, thou art God for e - ver - more, world
wor - den, bist du Gott von E - wig - keit zu
- a - ted, thou art God for e - ver - more, world
wor - den, bist du Gott von E - wig - keit zu
- a - ted, thou art God for e - ver - more, world
wor - den, bist du Gott von E - wig - keit zu
- a - ted, thou art God for e - ver - more, world
wor - den, bist du Gott von E - wig - keit zu
- a - ted, thou art God for e - ver - more, world
wor - den, bist du Gott von E - wig - keit zu
- a - ted, thou art God for e - ver - more, world
wor - den, bist du Gott von E - wig - keit zu
- a - ted, thou art God for e - ver - more, world
wor - den, bist du Gott von E - wig - keit zu
30

35
40
f
p
with - out end. Al - le - lu - ia, Al - le - lu - - ia.
E - wig - keit. Hal - le - lu - ja, Hal - le - lu - - ja!
with - out end. Al - le - lu - ia, Al - le - lu - - ia.
E - wig - keit. Hal - le - lu - ja, Hal - le - lu - - ja!
with - out end. Al - le - lu - ia, Al - le - lu - - ia.
E - wig - keit. Hal - le - lu - ja, Hal - le - lu - - ja!
with - out end. Al - le - lu - ia, Al - le - lu - ia.
E - wig - keit. Hal - le - lu - ja, Hal - le - lu - ja!
with - out end. Al - le - lu - ia, Al - le - lu - ia.
E - wig - keit. Hal - le - lu - ja, Hal - le - lu - ja!
with - out end. Al - le - lu - ia, Al - le - lu - - ia.
E - wig - keit. Hal - le - lu - ja, Hal - le - lu - - ja!
with - out end. Al - le - lu - ia, Al - le - lu - - ia.
E - wig - keit. Hal - le - lu - ja, Hal - le - lu - - ja!
35
40

3 ASCENSION DAY

(Am Himmelfahrtstage)

Composed 9 October 1846

© The Royal School of Church Music 1984 transferred 1994 to Oxford University Press

5
Lord, high a - bove all praise, high a - bove all ma - je - sty,
Herr, ü - ber al - les Lob, ü - ber al - le Herr - lich - keit,
Lord, high a - bove all praise, high a - bove all ma - je - sty,
Herr, ü - ber al - les Lob, ü - ber al - le Herr - lich - keit,
Lord, high a - bove all praise, high a - bove all ma - je - sty,
Herr, ü - ber al - les Lob, ü - ber al - le Herr - lich - keit,
Lord, high a - bove all praise, high a - bove all ma - je - sty,
Herr, ü - ber al - les Lob, ü - ber al - le Herr - lich - keit,
Lord, high a - bove all praise, high a - bove all ma - je - sty, thou dost
Herr, ü - ber al - les Lob, ü - ber al - le Herr - lich - keit, herr - schest
Lord, high a - bove all praise, high a - bove all ma - je - sty,
Herr, ü - ber al - les Lob, ü - ber al - le Herr - lich - keit,
Lord, high a - bove all praise, high a - bove all ma - je - sty,
Herr, ü - ber al - les Lob, ü - ber al - le Herr - lich - keit,
Lord, high a - bove all praise, high a - bove all ma - je - sty,
Herr, ü - ber al - les Lob, ü - ber al - le Herr - lich - keit,
5

10
thou dost reign for e - ver -
herr - schest du von E - wig -
thou dost reign for e - ver -
herr - schest du von E - wig -
thou dost reign for e - ver - more, thou dost
herr - schest du von E - wig - keit, herr - schest
thou dost reign for e - ver - more, thou dost
herr - schest du von E - wig - keit, herr - schest
reign for e - ver - more, thou dost reign, thou dost reign, thou
du von E - wig - keit, herr - schest du, herr - schest du, herr -
thou dost reign for e - ver - more, for
herr - schest du von E - wig - keit zu
thou dost reign for e - ver - more, thou dost reign for e - ver -
herr - schest du von E - wig - keit, herr - schest du von E - wig -
thou dost reign for e - ver -
herr - schest du von E - wig -
10

15
- more, thou dost reign for e - - - ver - more, thou dost
- keit, herr - schest du von E - - - wig - keit, herr - schest
- more, thou dost reign for e - ver - more, thou dost reign for e - ver -
- keit, herr - schest du von E - wig - keit, herr - schest du von E - wig -
reign for e - - - ver - more, thou dost reign for e - ver -
du von E - - - wig - keit, herr - schest du von E - wig -
reign for e - ver - more, world with - out end, thou dost reign for e - ver -
du von E - wig - keit zu E - wig - keit, herr - schest du von E - wig -
dost reign for e - ver - more, thou dost reign,
- - schest du von E - wig - keit, herr - schest du,
e - ver - more, thou dost reign, thou dost
E - wig - keit, herr - schest du, herr - schest
- more, thou dost reign for e - ver - more, thou dost
- keit, herr - schest du von E - wig - keit, herr - schest
- more, thou dost reign for e - - - - ver - more,
- keit, herr - schest du von E - - - - wig - keit,
15

reign for e - ver - more.
du von E - wig - keit.
- more, world with - out end, thou dost reign.
- keit zu E - wig - keit, herr - schest du.
f
- more, world with - out end. Thou stand - est, O Lord, high a - bove all
- keit zu E - wig - keit. Er - ha - ben, o Herr, ü - ber al - les
f
- more. Thou stand - est, O Lord, high a - bove all
- keit. Er - ha - ben, o Herr, ü - ber al - les
thou dost reign for e - ver - more, for e - - ver - more.
herr - schest du von E - wig - keit zu E - - wig - keit.
reign for e - ver - more, world with - out end, thou dost reign.
du von E - wig - keit zu E - wig - keit, herr - schest du.
reign for e - ver - more, thou dost reign for e - ver -
du von E - wig - keit, herr - schest du von E - wig -
thou dost reign for e - ver - more.
herr - schest du von E - wig - keit.

20
f
Thou stand - est, O Lord, high a - bove all praise, high a - bove all ma - je -
Er - ha - ben, o Herr, ü - ber al - les Lob, ü - ber al - le Herr - lich -
f
Thou stand - est, o Lord, high a - bove all praise, high a - bove all ma - je -
Er - ha - ben, o Herr, ü - ber al - les Lob, ü - ber al - le Herr - lich -
praise, thou stand - est, O Lord, high a - bove all praise, high a - bove all ma - je -
Lob, er - ha - ben, o Herr, ü - ber al - les Lob, ü - ber al - le Herr - lich -
praise, thou stand - est, O Lord, high a - bove all praise, high a - bove all ma - je -
Lob, er - ha - ben, o Herr, ü - ber al - les Lob, ü - ber al - le Herr - lich -
f
Thou stand - est, O Lord, high a - bove all praise, high a - bove all ma - je -
Er - ha - ben, o Herr, ü - ber al - les Lob, ü - ber al - le Herr - lich -
f
Thou stand - est, O Lord, high a - bove all praise, high a - bove all ma - je -
Er - ha - ben, o Herr, ü - ber al - les Lob, ü - ber al - le Herr - lich -
f
- more. Thou stand - est, O Lord, high a - bove all praise, high a - bove all ma - je -
- keit. Er - ha - ben, o Herr, ü - ber al - les Lob, ü - ber al - le Herr - lich -
f
Thou stand - est, O Lord, high a - bove all praise, high a - bove all ma - je -
Er - ha - ben, o Herr, ü - ber al - les Lob, ü - ber al - le Herr - lich -
20

25
- sty, thou dost reign for e - ver - more, world with - out
- keit, herr - schest du von E - wig - keit zu E - wig -
- sty, thou dost reign for e - ver - more, world with - out
- keit, herr - schest du von E - wig - keit zu E - wig -
- sty, thou dost reign for e - ver - more, for e - ver - more, world with - out
- keit, herr - schest du von E - wig - keit, von E - wig - keit zu E - wig -
- sty, thou dost reign for e - ver - more, for e - ver - more, world with - out
- keit, herr - schest du von E - wig - keit, von E - wig - keit zu E - wig -
- sty, thou dost reign for e - ver - more, for e - ver - more, world with - out
- keit, herr - schest du von E - wig - keit, von E - wig - keit zu E - wig -
- sty, thou dost reign for e - ver - more, world with - out
- keit, herr - schest du von E - wig - keit zu E - wig -
- sty, thou dost reign for e - ver - more, for e - ver - more, world with - out
- keit, herr - schest du von E - wig - keit, von E - wig - keit zu E - wig -
- sty, thou dost reign for e - ver - more, world with - out
- keit, herr - schest du von E - wig - keit zu E - wig -
25

30
f
end, Al - le - lu - ia, Al - le - lu - - - ia.
- keit. Hal - le - lu - ja! Hal - le - lu - - - ja!
end. Al - le - lu - ia, Al - le - lu - - - ia.
- keit. Hal - le - lu - ja! Hal - le - lu - - - ja!
end. Al - le - lu - ia, Al - le - lu - - - ia.
- keit. Hal - le - lu - ja, Hal - le - lu - - - ja!
end. Al - le - lu - ia, Al - le - lu - ia, Al - le - lu - ia.
- keit. Hal - le - lu - ja, Hal - le - lu - ja, Hal - le - lu - ja!
end. Al - le - lu - ia, Al - le - lu - ia, Al - le - lu - ia.
- keit. Hal - le - lu - ja, Hal - le - lu - ja, Hal - le - lu - ja!
end. Al - le - lu - ia.
- keit. Hal - le - lu - ja!
end. Al - le - lu - ia, Al - le - lu - - ia.
- keit. Hal - le - lu - ja, Hal - le - lu - - ja!
end. Al - le - lu - ia, Al - le - lu - - - ia.
- keit. Hal - le - lu - ja, Hal - le - lu - - - ja!
30

4 PASSIONTIDE

(In der Passionszeit)

Composed 14 February 1844

© The Royal School of Church Music 1984 transferred 1994 to Oxford University Press

5
SOLO
p
mer - ci - ful in our af - flict - ion. Lord, who art our Re -
- bar - me dich un - se - res E - lends. Herr, der du un - ser
mer - ci - ful in our af - flict - ion.
- bar - me dich un - se - res E - lends.
mer - ci - ful in our af - flict - ion. Lord, who art our Re -
- bar - me dich un - se - res E - lends. Herr, der du un - ser
mer - ci - ful in our af - flict - ion.
- bar - me dich un - se - res E - lends.
mer - ci - ful in our af - flict - ion. Lord, who art our Re -
- bar - me dich un - se - res E - lends. Herr, der du un - ser
mer - ci - ful in our af - flict - ion.
- bar - me dich un - se - res E - lends.
mer - ci - ful in our af - flict - ion. Lord, who art our Re -
- bar - me dich un - se - res E - lends. Herr, der du un - ser
mer - ci - ful in our af - flict - ion.
- bar - me dich un - se - res E - lends.
5

10
TUTTI
pp
cresc.
- deem - er, e'er guard and keep us, de - li - ver us and for - give us all our trans -
Hei - land bist, ste - he uns bei, er - lö - se uns und ver - gieb uns un - se - re
De - li - ver us and for - give us all our trans -
Er - lö - se uns und ver - gieb uns un - se - re
- deem - er, e'er guard and keep us, de - li - ver us and for - give us all our trans -
Hei - land bist, ste - he uns bei, er - lö - se uns und ver - gieb uns un - se - re
De - li - ver us and for - give us all our trans -
Er - lö - se uns und ver - gieb uns un - se - re
- deem - er, e'er guard and keep us, de - li - ver us and for - give us all our trans -
Hei - land bist, ste - he uns bei, er - lö - se uns und ver - gieb uns un - se - re
De - li - ver us and for - give us all our trans -
Er - lö - se uns und ver - gieb uns un - se - re
- deem - er, e'er guard and keep us, de - li - ver us and for - give us all our trans -
Hei - land bist, ste - he uns bei, er - lö - se uns und ver - gieb uns un - se - re
De - li - ver us and for - give us all our trans -
Er - lö - se uns und ver - gieb uns un - se - re
10

15
f
- gres - sions, for the ma - je - sty of thy name and glo - -
Sün - den um der Herr - lich - keit dei - nes Na - mens wil - -
- gres - sions, for the ma - je - sty of thy name and glo - -
Sün - den um der Herr - lich - keit dei - nes Na - mens wil - -
- gres - sions, for the ma - je - sty of thy name and glo - -
Sün - den um der Herr - lich - keit dei - nes Na - mens wil - -
- gres - sions, for the ma - je - sty of thy name and glo - -
Sün - den um der Herr - lich - keit dei - nes Na - mens wil - -
- gres - sions, for the ma - je - sty of thy name and glo - -
Sün - den um der Herr - lich - keit dei - nes Na - mens wil - -
- gres - sions, for the ma - je - sty of thy name and glo - -
Sün - den um der Herr - lich - keit dei - nes Na - mens wil
- gres - sions, for the ma - je - sty of thy name and glo - -
Sün - den um der Herr - lich - keit dei - nes Na - mens wil - -
- gres - sions, for the ma - je - sty of thy name and glo - -
Sün - den um der Herr - lich - keit dei - nes Na - mens wil - -
15

20
p
- ry. Al - le - lu - ia, Al - le - lu - ia.
- len. Hal - le - lu - ja, Hal - le - lu - ja!
p
- ry. Al - le - lu - ia, Al - le - lu - ia.
- len. Hal - le - lu - ja, Hal - le - lu - ja!
p
- ry. Al - le - lu - ia, Al - le - lu - ia.
- len. Hal - le - lu - ja, Hal - le - lu - ja!
p
- ry. Al - le - lu - ia, Al - le - lu - ia, Al - le - lu - ia.
- len. Hal - le - lu - ja, Hal - le - lu - ja, Hal - le - lu - ja!
p
- ry. Al - le - lu - ia, Al - le - lu - ia.
- len. Hal - le - lu - ja, Hal - le - lu - ja!
p
- ry. Al - le - lu - ia, Al - le - lu - ia.
- len. Hal - le - lu - ja, Hal - le - lu - ja!
p
- ry. Al - le - lu - ia.
- len. Hal - le - lu - ja!
20

5 ADVENT

(Im Advent)

Composed 5 October 1846

© The Royal School of Church Music 1984 transferred 1994 to Oxford University Press

5
glad - ness, let us sing with glad - - - ness, let
- lok - ken, las - set uns froh - lok - - - ken, las -
mf
Let us sing with glad - - ness,
Las - set uns froh - lok - - ken,
glad - - ness, let us sing with glad -
- lok - - ken, las - set uns froh - lok -
mf
Let us sing with glad - ness, let us sing,
Las - set uns froh - lok - ken, las - set uns,
us sing with glad - ness, let us sing with glad - ness,
- set uns froh - lok - ken, las - set uns froh - lok - ken,
mf
Let us sing with
Las - set uns froh -
mf
Let us sing with glad - ness, let us sing, let us sing with
Las - set uns froh - lok - ken, las - set uns, las - set uns froh -
let us sing with glad - ness, sing with glad - -
las - set uns froh - lok - ken, uns froh - lok - -
5

10
pp
cresc.
us sing with glad - ness, the Sa - viour ap-pear - eth, the Sa - viour ap-
- set uns froh - lok - ken, es na - het der Hei - land, es na - het der
let us sing with glad - ness, the Sa - viour ap - pear - eth, the Sa - viour ap-
las - set uns froh - lok - ken, es na - het der Hei - land, es na - het der
- ness, sing with glad - ness, the Sa - viour ap - pear - eth, the Sa - viour ap-
- ken, uns froh - lok - ken, es na - het der Hei - land, es na - het der
let us sing with glad - ness, the Sa - viour ap - pear - eth, the Sa - viour ap-
las - set uns froh - lok - ken, es na - het der Hei - land, es na - het der
let us sing with glad - ness, the Sa - viour ap - pear - eth, the Sa - viour ap-
las - set uns froh - lok - ken, es na - het der Hei - land, es na - het der
glad - ness, with glad - ness, the Sa - viour ap - pear - eth, the Sa - viour ap-
- lok - ken, froh - lok - ken, es na - het der Hei - land, es na - het der
glad - ness, sing with glad - ness, the Sa - viour ap - pear - eth, the Sa - viour ap-
- lok - ken, uns froh - lok - ken, es na - het der Hei - land, es na - het der
- ness, sing with glad - ness, the Sa - viour ap - pear - eth, the Sa - viour ap-
- ken, uns froh - lok - ken, es na - het der Hei - land, es na - het der
10

15
f
mf
- pear - eth, as God hath fore - told us. The name of the
Hei - land, den Gott uns ver - heis - sen. Der Na - me des
- pear - eth, as God hath fore - told us, as
Hei - land, den Gott uns ver - heis - sen, den
- pear - eth, as God hath fore - told us, hath fore -
Hei - land, den Gott uns ver - heis - sen, uns ver -
- pear - eth, as God hath fore - told us, hath
Hei - land, den Gott uns ver - heis - sen, uns
- pear - eth, as God hath fore - told us, as
Hei - land, den Gott uns ver - heis - sen, den

20
Lord, now be prais - ed for e - ver - more, for e -
Herrn sei ge - lo - bet in E - wig - keit, in E -
Lord, now be prais - ed for e - ver - more, now be prais - ed
Herrn sei ge - lo - bet in E - wig - keit, sei ge - lo - bet
God hath fore - told us, hath fore - told
Gott uns ver - heis - sen, uns ver - heis -
- told us.
- heis - sen.
mf
- told us. The name of the Lord now be prais - ed for
- heis - sen. Der Na - me des Herrn sei ge - lo - bet in
fore - told us.
ver - heis - sen.
mf
fore - told us. The name of the Lord now be prais - ed for
ver - heis - sen. Der Na - me des Herrn sei ge - lo - bet in
God hath fore - told us.
Gott uns ver - heis - sen.
20

cresc.
- ver - more, for e - ver - more, for e -
- wig - keit, in E - wig - keit, in E -
cresc.
for e - ver - more, for e -
in E - wig - keit, in E -
cresc.
us. The name of the Lord now be prais - ed for
- sen. Der Na - me des Herrn sei ge - lo - bet in
mf
cresc.
The name of the Lord now be prais - ed for e - ver - more, for
Der Na - me des Herrn sei ge - lo - bet in E - wig - keit, in
cresc.
e - ver - more, for e - ver - more, the name of the
E - wig - keit, in E - wig - keit, der Na - me des
cresc.
The name of the Lord now be prais - ed for e - ver - more, for
Der Na - me des Herrn sei ge - lo - bet in E - wig - keit, in
cresc.
e - ver - more, be prais - ed for e - ver -
E - wig - keit, ge - lo - bet in E - wig -
mf
cresc.
The name of the Lord now be prais - ed for e - ver - more, for
Der Na - me des Herrn sei ge - lo - bet in E - wig - keit, in

25
- - ver - more be prais'd; the___
- - wig - keit ge - lobt; der___
- ver - more, the name of the
- wig - keit, der Na - me des
e - ver - more, the___ name of the Lord now be prais - ed for
E - wig - keit, der___ Na - me des Herrn sei ge - lo - bet in
e - ver - more, the___ name of the Lord now be prais -
E - wig - keit, der___ Na - me des Herrn sei ge - lo -
Lord now be prais - ed for e - ver - more, the___
Herrn sei ge - lo - bet in E - wig - keit, der___
e - ver - more, now_____ be prais - ed for e - ver -
E - wig - keit, sei_____ ge - lo - bet in E - wig -
- more, for e - ver - more, the___ Name of the
- keit, in E - wig - keit, der___ Na - me des
e - ver - more, be prais'd, the___ name of the
E - wig - keit, ge - lobt, der___ Na - me des
25

f
name of the Lord now be prais - ed for e - ver - more. Al - le -
Na - me des Herrn sei ge - lo - bet in E - wig - keit. Hal - le -
Lord now be prais - ed for e - ver - more. Al - le -
Herrn sei ge - lo - bet in E - wig - keit. Hal - le -
e - ver - more, be prais - ed for e - ver - more. Al - le -
E - wig - keit, ge - lo - bet in E - wig - keit. Hal - le -
- ed, be prais - ed for e - ver - more. Al - le -
- bet, ge - lo - bet in E - wig - keit. Hal - le -
name of the Lord now be prais - ed for e - ver - more. Al - le -
Na - me des Herrn sei ge - lo - bet in E - wig - keit. Hal - le -
- more, now be prais - ed for e - ver - more. Al - le -
- keit, sei ge - lo - bet in E - wig - keit. Hal - le -
Lord now be prais - ed for e - ver - more. Al - le -
Herrn sei ge - lo - bet in E - wig - keit. Hal - le -
Lord now be prais - ed for e - ver - more. Al - le -
Herrn sei ge - lo - bet in E - wig - keit. Hal - le -

30
- lu - ia, Al - le - lu - ia.
- lu - ja, Hal - le - lu - ja!
- lu - ia, Al - le - lu - ia.
- lu - ja, Hal - le - lu - ja!
- lu - ia, Al - le - lu - ia.
- lu - ja, Hal - le - lu - ja!
- lu - ia, Al - le - lu - ia.
- lu - ja, Hal - le - lu - ja!
- lu - ia, Al - le - lu - ia.
- lu - ja, Hal - le - lu - ja!
- lu - ia, Al - le - lu - ia.
- lu - ja, Hal - le - lu - ja!
- lu - ia, Al - le - lu - ia.
- lu - ja, Hal - le - lu - ja!
- lu - ia, Al - le - lu - ia.
- lu - ja, Hal - le - lu - ja!
30

6 GOOD FRIDAY

(Am Charfreitage)

Composed 18 February 1844

© The Royal School of Church Music 1984 transferred 1994 to Oxford University Press

5
sempre piano
f
and hath sub-mit - ted him - self e'en un - to death on the cross; there - fore hath
und ist ge-hor - sam ge - wor - den bis zum To - de am Kreu - ze; da - rum hat
sempre piano
f
and hath sub-mit - ted him - self e'en un - to death on the cross; there - fore hath
und ist ge-hor - sam ge - wor - den bis zum To - de am Kreu - ze; da - rum hat
sempre piano
f
and hath sub-mit - ted him - self e'en un - to death on the cross; there - fore hath
und ist ge-hor - sam ge - wor - den bis zum To - de am Kreu - ze; da - rum hat
sempre piano
f
and hath sub-mit - ted him - self e'en un - to death on the cross; there - fore hath
und ist ge-hor - sam ge - wor - den bis zum To - de am Kreu - ze; da - rum hat
sempre piano
f
and hath sub-mit - ted him - self e'en un - to death on the cross; there - fore hath
und ist ge-hor - sam ge - wor - den bis zum To - de am Kreu - ze; da - rum hat
sempre piano
f
and hath sub-mit - ted him - self e'en un - to death on the cross; there - fore hath
und ist ge-hor - sam ge - wor - den bis zum To - de am Kreu - ze; da - rum hat
sempre piano
f
and hath sub-mit - ted him - self e'en un - to death on the cross; there - fore hath
und ist ge-hor - sam ge - wor - den bis zum To - de am Kreu - ze; da - rum hat
5

10
God glo - ri - fied him, and to him a name hath he gi - ven which is a -
Gott ihn er - hö - het, und ihm ei - nen Na - men ge - ge - ben, der ü - ber
God glo - ri - fied him, and to him a name hath he gi - ven which is a -
Gott ihn er - hö - het, und ihm ei - nen Na - men ge - ge - ben, der ü - ber
God glo - ri - fied him, and to him a name hath he gi - ven which is a -
Gott ihn er - hö - het, und ihm ei - nen Na - men ge - ge - ben, der ü - ber
God glo - ri - fied him, and to him a name hath he gi - ven which is a -
Gott ihn er - hö - het, und ihm ei - nen Na - men ge - ge - ben, der ü - ber
God glo - ri - fied him, and to him a name hath he gi - ven which is a -
Gott ihn er - hö - het, und ihm ei - nen Na - men ge - ge - ben, der ü - ber
God glo - ri - fied him, and to him a name hath he gi - ven which is a -
Gott ihn er - hö - het, und ihm ei - nen Na - men ge - ge - ben, der ü - ber
God glo - ri - fied him, and to him a name hath he gi - ven which is a -
Gott ihn er - hö - het, und ihm ei - nen Na - men ge - ge - ben, der ü - ber
10

Originated and printed by
Halstan & Co. Ltd., Amersham, Bucks., England

ISBN 0-19-395322-6